FAZIMENTO

FAZIM

Jorge Ferreira

ENTO

GERAÇÃO
EDITORIAL

FAZIMENTO
Copyright © 2009 by Jorge Ferreira
1ª edição — abril de 2009

Editor e Publisher
Luiz Fernando Emediato

Diretora Editorial
Fernanda Emediato

Capa
Genildo Santana/ Lumiar Design

Projeto gráfico
Estúdio do Ziraldo

DADOS INTERNACIONAIS DE CATALOGAÇÃO NA PUBLICAÇÃO (CIP)
(Câmara Brasileira do Livro, SP, Brasil)

Ferreira, Jorge
 Fazimento / Jorge Ferreira. -- São Paulo : Geração Editorial, 2009.

 ISBN 978-85-61501-21-1

 1. Contos brasileiros 2. Poesia brasileira I. Título.

09-02257
CDD-869.93
-869.91

Índices para catálogo sistemático
1. Contos : Literatura brasileira 869.93
2. Poesia : Literatura brasileira 869.91

GERAÇÃO EDITORIAL

ADMINISTRAÇÃO E VENDAS
Rua Pedra Bonita, 870
CEP: 30430-390 — Belo Horizonte — MG
Telefax: (31) 3379-0620
Email: leitura@editoraleitura.com.br

EDITORIAL
Rua Major Quedinho, 111 — 7º andar - cj. 702
CEP: 01050-030 — São Paulo — SP
Tel.: (11) 3256-4444 — Fax: (11) 3257-6373
Email: producao.editorial@terra.com.br
www.geracaoeditorial.com.br

2009

Impresso no Brasil
Printed in Brazil

*À minha família
e aos meus amigos.*

*Manhã é a palavra
que abre a porta
para o tempo sair de casa*

Wilson Pereira

*O real não está na saída
nem na chegada: ele se
dispõe para gente é no
meio da travessia.*

Guimarães Rosa

PROSEANDO

Jorge do Mundo e do melhor de Minas; Jorge da roça e do elevador, como no verso de Drummond; Jorge principalmente de Cruzília, d'água limpa na concha da mão; mas o mesmo Jorge a beber vinho francês no *La Coupole*, vizinho de mesa do jovem Lênin; Jorge do *seu* Jaime, filho da mãe e irmão dos irmãos (em especial, do que foi mais cedo); Jorge das repúblicas de Juiz de Fora, das farras sem cabresto, da boniteza das moças e da camaradagem sem reserva; Jorge sindicalista-trotskista-petista, mas antes de tudo humanista; Jorge do rancho de pescaria, do *causo* literário e da pinga VSOP; Jorge do Feitiço, anfitrião generoso e boêmio dos bons; Jorge militante da Cultura Popular, celebrante da poesia-maior e do samba de raiz; Jorge mecenas da revista *Tira-Prosa*, que tirava prosa e verso; Jorge da cumplicidade com Denise e os filhos tão queridos, que se desdobra com Zé Oscar e

Eva, com a parentalha; Jorge que eu promovo a baiano à beira-mar de Curumuxatiba; Jorge brasileiríssimo, até não poder mais, com cara de pintor do Renascimento italiano; Jorge doido sonhador, irresistível articulador, lúcido fazedor; Jorge doce na solidariedade e bravo pra não aguentar desaforo; Jorge olho no olho, amigo do peito e cavaheiro; enfim, Jorge Luiz Santos Ferreira, a quem oferto, dedico e consagro o quanto aqui vai dito:

Ao tal
Jorjão,
meu irmão
de eleição

Carlos Henrique

Ser humano, conforme se sabe, é que nem cachorro: tem raça. Em geral, não é muito difícil identificar a que raça cada um de nós pertence. Tem a raça dos bonzinhos, dos canalhas, dos compulsivos, dos nuvem-preta, dos iluminados, dos chatos etc.

O Jorge Ferreira, por exemplo. Da raça dele eu dou notícia. Já tive a sorte de conviver com outros exemplares. O Zé Aparecido, por exemplo, cês conheceram? Da mesma raça. Pausa. Vou ficar só neste exemplo. A raça em questão é a de gente que não sai do sonho, que parece - parece! – não ter os pés no chão e que, na vida, conjuga o verbo outrar que o Drummond inventou. A marca principal desta raça é a generosidade.

Você sabe: generosidade é um termo bem amplo. Inclui respeito pelo outro, capacidade de ser juiz e parte numa questão e julgar com insenção, uma certa paciência mágica, um tom de calma que não parece existir na alma do mencionado, mas que existe, coisas assim. O generoso tem a mão sempre aberta com a palma voltada para cima. E, estando sua mão sempre aberta, as coisas – sempre boas – caem nela, sem que ele peça.

Pronto: descrevi o meu amigo Jorge. Que só eu é que descobri que é gago. Um tipo de gagueira diferente: sua capacidade de verbalizar o que tem a contar não acompanha a velocidade do seu pensamento. Os fantásticos causos que conta, com uma graça infinita – porque ele ama os personagens de suas histórias – são entendidos pelos seus ouvintes com a mesma velocidade com que ocorrem na sua mente. Isto porque conta esses causos com a graça necessária dos grande *causers* – ainda que *causer* não se aplique muito a um cara nascido em Cruzília, Minas Gerais, Brasil.

O Jorge está fazendo cinquenta anos, a exata idade da minha primogênita. O que quer dizer que tenho idade para ser um austero pai desse canalha! Pretendia aproveitar esse espaço para contar muitas histórias sobre ele, mas perdi-me em algumas divagações na ânsia de explicá-lo. Acho que tudo se resume ao fato de que gosto de vera dele e do modo com que o danado vê a vida.

Conheci-o quando era muito jovem e nunca me ocorreu que ele quisesse da vida mais do que a felicidade que exibia na época: a de ter um bar pra juntar os amigos e fazer uma revista de bom gosto literário. Acho que nem ele sabia que a vida lhe daria – além de fantásticos amigos, e isto ele sabia – o milagroso dom de Midas: tudo o que ele toca vira ouro e faz dos seus amigos joias raras. Coube a mim, dourado, fazer esse prefácio posto aqui no meio do livro comemorativo, onde encerro minhas toscas palavras (!) exaltando também sua alucinada imaginação – a história do Mané Chicote é verdadeira! – dando-lhe, de presente, o fazimento deste livro. Um trem que fiz com um prazer danà'de bom.

O DESALMADO

Para o almado Ênio

Quando olho o embornal que guardo nos escaninhos da memória, sou capaz de ficar horas a fio proseando e contando causos, alguns vividos por mim e outros contados por meu tio Mirinho, que até os seus eus 84 anos, quando veio a falecer, manteve uma memória invejável.

Como nesse assunto de causos não sou obrigado a reger-me pelo código do comércio, que exige os lançamentos por ordem de data e o fechamento racional de balanço, não vou me preocupar com essa afirmativa, vou sim, como já disse, abrir meu embornal.

E se, apesar das minhas afirmativas, pretender alguém pôr em dúvida minhas histórias, peço a esse alguém que suspenda o seu juízo. Suspenda-o e me consulte.

Em pleno dezembro de 1970, pela véspera do Natal, período de muita chuva no sul de Minas, dois jovens jornalistas da *Folha de S.Paulo* foram fazer uma reportagem em São Tomé das Letras. A cidade tornara-se a meca dos esotéricos, dos *hippies* e dos alternativos.

Uma viagem prevista para durar três dias, mas que em razão da precariedade das estradas, distrações e outros quefazeres, passou-se o tempo e a viagem durou exatos oito dias, sendo cinco deles em São Tomé, um dia no Caí de Baixo, um dia em Santana do Camisolão, e, finalmente, o último dia em Cruzília, onde aconteceu a história que começo a contar.

Os dois jornalistas, cujos nomes esqueci, mas cujas fisionomias guardo até hoje, chegaram a Cruzília exaustos e famintos. O momento não era dos melhores, um domingo, dia 26 de dezembro, portanto dia seguinte dos festejos do nascimento do menino Jesus. Em Minas, dia 26 é dia de todos ficarem em casa para cearem o restante do pernil que ainda está impregnado no osso. Quem é mais guloso, ou até menos avantajado, sempre acha um vizinho generoso, ou um parente mais abastado.

De modo que o único lugar aberto naquele fim de tarde era a venda do Sêo Janjão. Na verdade, sorte dos dois jovens, pois a venda não estava aberta para "vendas" e sim para o exercício de um costume antigo do Sêo Janjão. Aos domingos, depois da missa das seis horas da tarde, havia uma rodada de truco na casa do Sêo Moacir, e, como estava muito adoentado, o truco fora transferido para a venda.

Quando os jovens entraram na venda, encontraram apenas dois senhores: Sêo Janjão sentado na escrivaninha ao fundo, fumando seu inseparável cigarro de palha, e, do outro lado do balcão, Sêo Geraldo Rola, sentado ao lado das pipas de cachaça que exalavam um forte cheiro em toda a venda.

Por sorte dos jornalistas, os dois jogadores estavam ali havia pouco tempo; como já tinham participado da

Missa do Galo e feito suas preces e agradecimentos ao menino Jesus, anteciparam a chegada para um pouco de prosa, antes do início da rodada de truco.

Mais sorte tiveram os jovens pela data. Sêo Janjão, vendo dois jovens sujos e suando como tampa de panela, considerou a data do menino Jesus e resolveu improvisar uns pães com mortadela.

Sêo Geraldo Rola, que estava desassossegadamente abanando os mosquitos, passou a ouvir os comentários entusiasmados dos jornalistas a respeito dos discos voadores que sempre fazem um pouso na vizinha cidade de São Tomé das Letras.

Segundo um dos jornalistas, recentemente, até um campo de pouso foi construído para os discos voadores. Ao ouvir essas e outras histórias, Sêo Geraldo resolveu entrar na conversa:

— Vancêis jornalista tem é que vê o que acontece nessa encruzilhada. Aqui, sim, é que tem história boa e verdadeira, e tudo acontece aqui no chão mesmo, ondi nóis pranta nosso fejão e nosso mío.

Não se dando por rogado, foi logo amartilhando a língua e desembolsando o raciocínio.

— Aqui nessa veia Cruzília, em meados de 1952, apareceu um desalmado, sujeito muito dos esquisitos, e o que mais me chamou a atenção foi que ele tinha sete braços.

Quando Sêo Geraldo mal terminou a última sílaba os jovens jornalistas já estavam com seus instrumentos de trabalho nas mãos. Aproximaram-se do Sêo Geraldo e começaram a pedir para aquele velho senhor mais detalhes do fato; o nome do desalmado, o dia do acontecimento, o local onde teria visto tão estranha figura. Sêo Geraldo, de tão apavorado, pôde apenas afirmar que tudo que acabara de dizer era pura verdade, e, se seus interlocutores não acreditassem em suas palavras, ele iria ao cartório do Odo Silveira e assinaria qualquer documento.

Os jovens, muito educados, dispensaram tal procedimento, apenas queriam mais detalhes de um fato tão inusitado. Vendo-se apertado pelos jornalistas, Sêo Geraldo disse:

— Como percebo que vancêis não estão acreditando nesse veio ancião, pergunte ao cumpadre Janjão se o que estou contando não é a mais pura das verdade verdadeira desse mundo.

Rapidamente os jovens dirigiram-se ao velho Janjão que, com seus dois metros de altura, estava quase afundado em sua cadeira.

— Como é, Sêo Janjão, o senhor confirma a história do Sêo Geraldo Rola? — perguntou um dos jornalistas.

Sêo Janjão levantou-se, mirando seu cigarro de palha, imperturbado e despido de ponderações:

— Vê, vê assim, vivinho o homem de sete braços eu não vi... vi não, Sêo moço, mas posso lhe afirmar com toda a certeza que esses anos me deu e pela alma do menino Jesus, que fez anos ontem, que eu vi – isto eu vi – a camisa do desalmado dependurada no varal.

O PASSAGEIRO E O COBRADOR

São Sebastião da Encruzilhada fica no sul de Minas, encravada na serra da Mantiqueira. Morava ali Sêo Geraldo Rola, pequeno sitiante, como a maioria de seus vizinhos. Homem metódico, cuidadoso de suas contas, cauteloso nos negócios. Nunca fora de brigar, mas se não brigava, também não fazia as pazes.

Sempre com uma saúde de ferro, jamais foi de reclamar de doença. Mas, o tempo é um "esculpidor de ruínas", e os seus 76 anos começaram a pesar e trazer algumas complicações. Uma forte dor nas costas passou a ser um empecilho para aquele homem forte, que todo dia ordenhava vacas, andava a cavalo. Após uma reunião familiar e muitas resistências, Sêo Geraldo resolveu consultar o médico e compadre, dr. José Orígenes.

No outro dia, bem cedinho, Sêo Geraldo já estava em seu cavalo baio. Pelas suas contas as seis léguas e meia dava para fazer em quatro horas. Daí rumou para São Sebastião da Encruzilhada.

Foi direto para o hospital. Por pura sorte, encontrou o compadre que estava de saída. Numa meia conversa, dr. José Origenes deu meia volta, os dois entraram no consultório e o médico passou a examiná-lo. Em poucos minutos a conclusão: o caso merecia um exame mais detalhado. Algo impensável de fazer naquele momento e naquele hospital. O jeito era Sêo Geraldo pegar a jardineira do Ciro Furtado, ir até Caxambu e, ali, embarcar para Varginha, cidade de maiores recursos e mais apropriada para tal exame.

Sêo Geraldo saiu do hospital meio chateado. Não pelo diagnóstico, mas pelo fato de ter de ir até Caxambu na jardineira do Ciro Furtado. Explico: é que, dez anos passados, ele tivera uns entreveros feios com seu irmão Joaquim. Por causa desses entreveros, que advinham de divisões de terras, ninguém das duas famílias se falava. Viajar na jardineira significava comprar a passagem com o Waltinho, seu sobrinho e filho do irmão Joaquim.

Aquele resto de dia mais a noite foram longos para Sêo Geraldo, não tanto pela dor, mas pela situação que enfrentaria no dia seguinte, já que Waltinho era o bilheteiro antes de o ônibus sair e, depois, virava cobrador e auxiliar do motorista, pois a jardineira, para chegar até Caxambu, parava em Fazendinha, Santo Antonio do Camisolão e Baependi.

No dia seguinte, Sêo Geraldo levantou-se com as galinhas, colocou seu velho e surrado terno de linho, usado só na Festa de São Sebastião, 20 de janeiro, acertou o seu panamá e rumou para o bar do Zé Maria, de onde saía uma única vez ao dia a jardineira rumo a Caxambu.

Ao chegar ao bar, também conhecido por "Rodoviária", ele parou, observou o recinto e rumou para uma mesinha que ficava do lado esquerdo do balcão. Em cima lia-se: GUICHÊ. Sentado, estava Waltinho. Ao ver seu tio chegar, ele e todos os presentes silenciaram. A situação poderia se complicar. Sêo Geraldo, sem cumprimentar ninguém, o que não era do seu costume, foi logo dirigindo a palava ao seu sobrinho:

— Ô moço! Me dá aí um bilhete!

Waltinho, nesse momento, era todo medo. Por pouco a voz não travou. Com muito esforço, olhou para cima, encarou o passageiro e perguntou:

— Para ondi, tio?

A resposta foi bruta e seca:

— Larga de ser curioso, menino!

AINDA MORRO DISSO

Uma cena rara de se ver. Já fazia um quarto de hora que Sêo Geraldo Rola estava sentado naquela cadeira, com as mãos cruzadas sobre a boca do estômago e o olhar vago. Nem parecia o homem proseador e de resistência incomum que toda a região do Caí de Cima conhecia. Sêo Geraldo é daquelas pessoas, poucas, para quem a vida deslizou serena, como um dia de sol sem nuvens. Um homem metódico, cuidadoso de suas contas, cauteloso nos negócios. Nunca fora dado a aventuras e muito menos a assentar barraca sobre a areia. Do que advinha tamanha tristeza?

Quinzinho da Fanda, amigo e vizinho de fazenda, logo que soube da tristeza do amigo foi lhe fazer uma visita. Com um tiquinho de prosa percebeu o problema. É que Dona Nicota, esposa de Sêo Geraldo, sentiu umas dores um pouco abaixo do estômago. Numa visita ao médico, o compadre doutor José Orígenes, ficou combinado um exame mais detalhado. Como a maioria dos filhos do casal morava no Vale do Paraíba, estado de São Paulo, Dona Nicota achou mais prudente fazer os exames por lá. Melhor do que ir a Belo Horizonte, onde gastaria tempo e dinheiro. Após essas explicações, Quinzinho da Fanda saiu mais tranquilo, achando que a falta de Dona Nicota era o motivo de tanta tristeza do amigo.

Não demorou muito, Dona Nicota voltou, e, como tinha passado pela cidade, foi ao consultório do doutor José Orígenes. Médico cioso, aproveitou e deu mais uma examinada na comadre, e, com os resultados dos exames de laboratório em mãos, dispensou-a, dizendo que em breve dava notícias.

Naquela noite, como se já estivesse sentindo maus presságios, Sêo Geraldo chamou a esposa para uma conversa.

— Nicota, além di nóis dois, só tem o Messias aqui na fazenda. O resto tá pra São Paulo e os que aqui ficaram, como o Bentinho, Dedéia e Cida, tão morando em São Sebastião da Encruzilhada (hoje Cruzília).

— Onde ocê quer chegar com essa conversa, Gerardo?

— Oia, nóis tem uma casa boa na rua, que só usamo praticamente no finar do ano, no mês de janeiro, que tem a festa de Reis, na casa do cumpadre Taioba, e na semana do dia 20, festa do padroeiro São Sebastião. Por que nóis não usa mais a casa da rua?

Dona Nicota, já sentindo a tristeza do companheiro, buscou uma pergunta certeira.

— Ôcê fala isso por causa de minhas dores nas anca?

Sêo Geraldo, pacientemente, recolheu o chapéu e sem esperar por qualquer resposta ordenou:

— Vamo dormir que tá ficando tarde.

Dois dias após a conversa do casal, Zé do Ciro, o leiteiro, buzinou lá do morro. Messias, acostumado, sabia que tinha recado da cidade. Zé do Ciro nunca arriscava descer com o seu fordinho o Morrinho da Onça, que margeava a fazendinha do Sêo Geraldo. Quem descia, não subia, de tão precário que era o trecho, segundo o Zé do Ciro — haja pão-durice do dono!

O recado era curto:

"Prezado compadre Geraldo Rola, preciso conversar com o senhor, o mais breve possível. Venha só. Um abraço do compadre José Orígenes. São Sebastião da Encruzinhada, março de 65."

Após breve leitura feita por Messias, Sêo Geraldo ordenou que se preparasse o seu cavalo, que de madrugadinha estaria de partida.

No outro dia, bem cedinho, Sêo Geraldo já estava em cima do seu cavalo baio, animal cômodo, manso e de boa boca. Pelas suas contas, as seis léguas, de meia rédea, dava para se fazer em quatro horas. Levantou a rédeas, firmou nos estribos e rumou para a cidade. E, a mando do dono, direto para o hospital.

Ao chegar, foi logo apeando. Tirou o freio do animal, para ele ir roendo alguma criciúma que por ali havia. Logo, na entrada do hospital, avistou-se com sua sobrinha, que ali trabalhava como enfermeira.

— Nenzinha, onde fica o escritório do cumpadre Zé Orígenes?

— Bença, né tio Geraldo?

— Bençôi, fia, é que tô com pressa.

Nenzinha, carinhosamente, dá o braço ao tio e tece um breve comentário.

— Ele acabou de chegar. Vamos que eu levo o senhor até o consultório.

A porta estava aberta e os dois se olharam ao mesmo instante.

— Entre, compadre Geraldo, seja bem-vindo — adianta José Orígenes. E logo foi ao encontro do amigo. Sentindo a sua apreensão, o médico ordenou que Nenzinha trouxesse um copo d'água e fechasse a porta. Pegou o braço do Sêo Geraldo e colocou-o sentado.

— O senhor está com cara de quem acaba de chegar.

— Sim cumpadre, mas por favor sem rodeio, vamu direto ao assunto.

Doutor José Orígenes, conhecedor do caso e do compadre, sentou-se e disse:

— Pois bem, como havia prevenido, o caso da comadre inspira cuidados. Ela está com as trompas do útero inflamadas. — Levanta-se, pega a radiografia e mostra para Geraldo.

— Compadre – continua ele –, como já disse, inspira cuidados. Mas, se tratado, evita uma intervenção cirúrgica, que, convenhamos, na idade da comadre, se puder ser evitado, tanto melhor.

— Como é o tratamento, cumpadre Zé?

— Acompanhamento periódico e principalmente evitar os instintos normais da natureza humana.

— Num tô entendendo, cumpadre!

— Compadre Geraldo, dona Nicota não pode nem pensar em ficar grávida. Como ela não usa nenhum tipo de anticoncepcional e o senhor também não faz nada para evitar, a solução é parar com sexo.

Aquilo soou como uma bala de 38 nos ouvidos do Sêo Geraldo. Homem famoso pela sua energia, ter que parar de usar o seu equipamento?

— Não, cumpadre, assim quem vai ficar doente sô eu mais Nicota.

— Compadre Geraldo, pelo que eu sei, muitas pessoas vivem sem se relacionar sexualmente. Os padres, as freiras, são bons exemplos. Ademais, em sua idade, não será tão difícil.

— Se for para ficar igual ao padre Abrantes, tá báo demais.

Doutor José Orígenes deu uma risadinha, sabedor que era da fama de mulherengo do padre Abrantes.

— Está bom, compadre Geraldo, não sei como o senhor vai se ajeitar sobre esse assunto, mas quero ter uma conversa muito séria com a minha comadre.

Passaram-se alguns dias, a família dos Rola já estava residindo em definitivo em São Sebastião da Encruzilhada. Messias ficou cuidando das pitangueiras.

Doutor José Orígenes esteve com Dona Nicota e alertou-a do risco de uma gravidez. Foi além do precavido e disse:

— Comadre Nicota, se a senhora fizer umas brincadeirinhas com o compadre, a senhora vai morrer. Escutou, comadre? Vai mooorrer!

Para Dona Nicota, a conversa teria que ser assim mesmo. Para uma senhora católica, criada na roça, sexo sempre foi sinônimo de procriação. Tanto que teve dezesseis filhos, dos quais apenas doze vingaram.

Sêo Geraldo, inspirado no padre Abrantes, dava seus pulos. E a vida seguia...

Dona Nicota dedicava-se à casa, netos e missas das sete. O marido jogava seu truquinho diário na casa do Sêo Moacir, vez ou outra proseava na loja do Mirinho com os amigos João padeiro, Ciro Furtado, Sêo Gustava, Gundo da farmácia. Às vezes dava um pulo na chacrinha do Lalace para alambicar umas pingas com o amigo.

O tempo foi passando e, por parte de Dona Nicota, claro, foi batendo uma vontade de fazer algumas brincadeirinhas.

Sêo Geraldo estava em casa, como boi descansado, manso. O velho tinha arrumado um garrancho com uma criada do Zé Roberto, vinda lá de Ouro Fala.

Mas Dona Nicota já nem conseguia concentrar-se direito nas rezas. Numas dessas noites de muita volúpia, por volta das vinte e duas horas, levantou-se do seu quarto, que, por recomendação do compadre, ficava separado do marido, foi em direção ao corredor onde, no final, ficava o quarto de Bentinho, agora ocupado pelo Sêo Geraldo Rola, e lentamente bateu na porta. Nada.

Resolveu bater novamente e chamou pelo marido.

— Gerardooo!

Uma voz ainda meio tarrachada saiu do fundo do quarto.

— O que foi?

— Sô eu, bem — responde Nicota

— Tô vendo, sô. O que você quer?

— Abre aí, Gerardo, anda!

— Pra quê, Nicota?

— Abre, Gerardo!

— O que ocê qué, muié?

— Ah! Eu quero é mooorrê...

O FORASTEIRO

A venda do Sêo Janjão existe há mais de 60 anos. Anteriormente pertencia ao italiano Paganelli, com quem Sêo Janjão começou a trabalhar aos 15 anos de idade. Com a morte do italiano, a família mudou-se para São Paulo, ficando Sêo Janjão proprietário do estabelecimento.

Certa feita, apareceu na venda um rapaz alto, muito magro, gentil, de voz aveludada e muito bem alinhado. Segundo Chiquinho da Mata, que me relatou este causo, o rapaz era estiloso e tinha jeito de ser da "capitar".

Sêo Janjão, ao ver o forasteiro entrar na venda, deixou o Lalau, com quem fazia uns negocinhos de fumo-de-rolo, e foi logo aproximando-se do visitante. Pelo estilo, a venda prometia ser boa, e, o que é mais importante, tudo indicava que seriam compras de bons produtos e no "cacau".

Em outro canto da venda, Sêo Geraldo Rola estava em uma prosa animada com o Taioba e o Chiquinho da Mata. Sêo Geraldo comentava suas famosas caçadas de veado, avestruz, perdiz, tatu etc. Quando ele percebeu a presença do forasteiro, e pressentindo que começara a se interessar pelo assunto, aí sim, o velho começou a ser taxativo.

— Eu quero aqui, em Cruzília, é o porgresso. Chega de tanta bicharada. Aqui, agora tem é que ter muito carro, prédio, fogão de gás, geladeira, escada andante. Eu, que fui o maior onceiro da região e acabei com todas elas, agora vou terminar é com os restinhos de pacas e capivaras que ainda andam por aqui. Porque ninguém, por estas bandas da Mantiqueira, tem a experiência e uma trelinha de perdigueiro igual à minha.

Chiquinho da Mata também precisava dar as suas melhores impressões ao forasteiro.

— Eu, por mim, nunca me embaracei para caçar – de pelo ou de pena –, mas agora, que vivo arredado aqui na cidade, vez por outra saio para mode dar uma caçadinha. O que ando fazendo mesmo, isso sim, faço com maestria, é ensinar a essa garotada nova o meu jeito de caçar, que aprendi ainda menininho com meu avô.

Com toda aquela lorota, o forasteiro passou a olhar com mais atenção os valentes caçadores. Sêo Geraldo Rola apercebeu-se disso e dirigiu a palavra ao forasteiro.

— Você não quer tômar uma pinguinha com nóis?

— Não, muito obrigado. Estou a trabalho — respondeu o forasteiro.

— Você trabalha aqui nas Cruzília? Pois num é que aqui tá ficando grande, sô? Eu ainda num tive o prazer de prosear com vosmicê.

— Não, eu não trabalho especificamente em Cruzília — explicou o forasteiro. — Na verdade, estou morando na vizinha Caxambu. Mas também por lá fico pouco. Como sou o novo superintendente do Ibama na região, fico visitando os municípios sob a minha jurisdição.

As últimas palavras do forasteiro fizeram com que Sêo Janjão derrubasse a torradeira de café. Sêo Taióba teve uma crise de tosse, Chiquinho da Mata apertou o crucifixo que carregava ao peito e Sêo Geraldo deu um salto, tirou o seu chapéu panamá, esticou a mão direita, curvou-se diante do forasteiro e disse:

— Oh! Muito prazer. Sêo Geraldo Rola, o maior mentiroso que essa veia Cruzília já conheceu!

MANTIQUEIRA
EM PÉ DE GUERRA

Julho é um mês de muito frio no sul de Minas. Naquele ano de 1943, o frio, acompanhado de fortes geadas, castigou como nunca o capim-gordura, alimento forte, que ajuda o gado da região a resistir ao vento cortante que vem dos altos da serra da Mantiqueira.

No pequeno povoado de São Sebastião da Encruzilhada (hoje Cruzília), o frio deixou de ser o assunto principal. Pelo menos para um pequeno grupo de pessoas que frequentavam o chalé, a residência do coronel Cornélio. Ali o assunto era a Segunda Guerra mundial. O coronel recebia todos com seu olhar manso e a voz generosa. Ele era o chefe político do lugarejo, um senhor autodidata, uma liderança natural. Para ele, a política, já naquela época, era a arte do convencimento! Todas as quartas-feiras ele ouvia no seu rádio "Semp" o programa em português da BBC de Londres, com os últimos informes da guerra. Logo em seguida, começavam a chegar os convidados: Sô Nhonhô, Sô Arlindo, Chico Tenente e, o mais preocupado de todos, Sô Justo. Naquela quarta-feira apenas um dos amigos do peito do coronel não compareceu. Era o Sô Tito Mori. Italiano de nascimento, dentista prático, pessoa querida no lugarejo. As razões dessa ausência os leitores compreenderão, um pouco mais adiante.

Após os cumprimentos todos se sentavam à grande mesa de jacarandá, que ocupava quase toda a sala, indo até a parede, onde se destacava o grande relógio e a velha espada, seu "anjo da guarda" de batalhas imaginárias. O coronel Cornélio espalhava o seu velho mapa-múndi nessa mesa e, como um velho guerreiro, dizia:

— Vamos começar os trabalhos!

Sua mão esquerda ia de forma certeira para os Estados Unidos.

— Aqui está o país mais potente da humanidade, baluarte da democracia. Mas ele não está só nesta batalha...

Sua mão direita atravessa rapidamente o Atlântico e chega à Inglaterra.

— Este, no momento, é o país que tem a responsabilidade de liderar a resistência europeia contra o nazifascismo. E ele também não está só! A França, ainda que ocupada, resiste bravamente. Outro aliado importante é a Rússia, país de grande densidade demográfica e de homens valentes.

— O quê, cumpadre Cornélio, os comunistas?! — indaga Sô Justo. — Nóis istamo du lado dus comunistas?! Santo Padre!!

E faz o sinal da cruz...

— Sô Justo interrompe o dono da casa —, neste momento a Rússia está do lado da democracia. Vejam. O perigo está logo aqui.

Aponta a Alemanha, com a sua mão direita.

— Esta, sim, é perigosa!

Sô Justo intervém de novo.

— Cumpadre Cornélio, diz que lá tem um hôme de bigodinho, que é uma disgraça!

— Sim, cumpadre Justo. Sim. Este homem chama-se Hitler e está tirando o sono de todos nós.

Nesse momento Sô Justo já estava confuso e assustado. Recordava os dias de pesadelo de onze anos antes, durante a guerra de 1932, na Mantiqueira. Ele e muitos outros mineiros da fronteira achavam que os paulistas, ganhando a guerra, fariam que suas casas e demais pertences fossem morro abaixo!...

— Cumpadre Cornélio, cumé que nóis faiz com as ferramenta dos alemão, que são as mió de todas. Nóis joga fora?

— De fato, Sô Justo, são boas, e nada de jogar fora! O que temos que fazer, neste momento, é derrotá-los. E se possível com as armas que eles fabricaram. Mas não só eles, também os seus aliados.

— Uai! tem mais gente do lado do hôme de bigodinho?

Nesse momento o silencioso Sô Nhonhô se levanta e, de forma enérgica, pede a Sô Justo que fique em silêncio. Aponta para o velho relógio e alerta para o adiantar das horas. O coronel Cornélio pacientemente responde.

— Não, cumpadre Justo, ele não está só. Aquele país cheio de pessoas com os olhinhos puxados, o Japão, também está do lado do senhor Hitler.

Chico Tenente, que já tinha conhecido alguns deles em São Paulo, logo completa:

— Sô Cornélio, dizem que os hominho são u'a disgraça, bravo que nem cão.

— Sim, são bravos — completa o coronel. E logo faz uma pausa.

— Tem mais gente de outro lado.

E aponta para uma península que avança para o Mediterrâneo.

— Está vendo esta bolinha?

Sua mão fica ligeiramente trêmula.

— Aqui fica a Itália. Que neste momento, infelizmente, está contra a democracia, e contra nós.

Sô Justo se levantou num salto só.

— O quê?!

Sem esperar qualquer explicação, vai logo dizendo:

— Então eu tô do lado dos comunista, e contra o cumpadre Massafera? (velho italiano, dono da venda).

— Não, cumpadre Justo, não! — O coronel calmamente fixa o olhar em Sô Justo e vai logo acalmando a situação.

— O velho Massafera já é uma pessoa integrada na nossa comunidade. Até neto ele tem no Brasil. Assim como o Massafera tem o Sô Tito Mori, os Pelúcios, os Nicolielos, os Mangias, na vizinha Baependi. Todos italianos, e, no entanto, amigos nossos.

Já conturbado, Sô Justo indaga:

— Cumpadre, então de que lado nóis tá?

— Nós quem, cumpadre Justo?

— Nóis, o Brasil, cumpadre Cornélio.

— O Brasil, cumpadre Justo?

A mão esquerda do coronel, que o tempo todo ficara apoiada nos Estados Unidos, vai descendo lentamente o mapa, passa pela América Central e chega até o Brasil.

— Nós, o Brasil, os brasileiros, estamos do lado da democracia, e junto com os aliados.

Sô Justo, que em pé estava, em pé ficou.

— Cumpadre Cornélio, e os paulista, de que lado tão?

— Ora, cumpadre, os paulistas estão dentro do Brasil, são brasileiros, portanto estão com os aliados.

Sô Justo, lentamente, pegou o seu chapéu, arrematou:

— Boa noite, prá vancêis todos. Vou imbora. Essa guerra tá isquisita. Eu tô do lado dos comunista, dos paulista, e contra o cumpadre Massafera, assim num pode! Boa noite!

SAUDADE DO GRANDE OTELO

Todos os bares têm suas histórias. E o Feitiço não é diferente. Uma que sempre aparece em minha mente, feito bailarina, é meu encontro com Grande Otelo.

Em um desses dias de novembro de 94, quando você acorda e se prepara para ter um dia normal, recebo a informação sobre um almoço no Feitiço, onde estaria Grande Otelo. Convidei, então, um amigo que, naquele dia, faria um show na casa: o mineiro Tadeu Franco. Logo estávamos os dois à espera de Otelo. Em poucos minutos chegava o próprio, acompanhado de sua empresária e do programador musical do Feitiço, Robson Silva.

A figura pequena de Grande Otelo em poucos segundos dominou não só nossa mesa, mas todo o espaço do bar. Eram garçons, clientes, caixas, todos a admirar o Macunaíma. Após o alvoroço inicial, a mesa começou a tomar seu rumo natural: cerveja, cerveja, tira-gosto, pinga, tira-gosto, cerveja, pinga, pinga, e muita conversa. Entusiasmado com a cachaça cruziliense, Otelo lembrou de seus momentos no Cassino da Urca e de sua paixão pelo cinema brasileiro.

Foram muitas as histórias. Mas de todas, a que mais me impressionou foi sobre seu encontro com o cineasta Orson Welles, quando este esteve por alguns meses no Brasil. Segundo Otelo — seu cicerone no Rio — foram dias em que beberam "Atlânticos de uísque e Mississipis de cerveja". E Welles surpreendeu com uma declaração: "O Brasil tem o melhor uísque falsificado do mundo."

Surgiu, então, a racionalidade da empresária de Otelo, exigindo que começássemos o almoço, pois já eram quatro da tarde e, às cinco, teriam que embarcar para o Rio, e, em seguida, rumo à França, onde o nosso herói receberia uma homenagem por seus serviços prestados ao cinema.

Otelo saboreou uma Costelinha ao Veio Chico como ninguém. E confessou: "Jorge, há dez anos tento ensinar minha secretária a fazer uma costelinha na gordura de porco. Impossível". Logo vieram a sobremesa, as fotos, as despedidas...

No dia seguinte, bem cedo, sou acordado por Denise, minha mulher, que assistia a um jornal na TV: "Olhe quem morreu ao chegar no aeroporto Charles de Gaulle!".

O PESCADOR DE PEIXES E DE UTOPIAS

Pantanal do Mato Grosso do Sul, 199[?]

Em junho de 1997, um grupo de amigos teve o privilégio da convivência com Luiz Inácio Lula da Silva. Envolvidos pela bruma aromática do legítimo Cohiba cubao, aquecidos pela pura cachaça de Cruzília e embalados por causos de pescadores, aqueles poucos dias foram infindáveis.

Recepcionados por Heitor, Miriam, Zeca, Gilda, Pico e tantos outros pantaneiros, Lula, com sua elegância e simplicidade, estabeleceu em nós a conexão entre a exuberância natural do Pantanal e o sonho de uma convivência melhor e prazerosa entre os homens. A ligação entre a rasteira vida urbana e a arquitetura das garças brancas sustentando, a cada instante, o milagre do vôo. Lula fez de nossas conversas a música maior do encontro.

Quanto ao momento, é apenas a revelação do homem determinado que é. Todos os demais pescadores rumavam para a pesca fácil e farta do dourado, do pacu e dos pintados. Lula fez de sua primeira pescaria desafio. Juntamente com o falecido Vargas, fui seu parceiro durante três dias sob sol, chuva, frio e muitas brincadeiras dos amigos, principalmente, do Zeca e do Sig.

No último dia, sempre no último dia... o jaú de 38 quilos foi embarcado após quase duas de uma boa briga. Na volta, no barco, envolto pela escuridão, com os lábios quase fechados deixando só um pequeno espaço para que o conhaque descesse pouco e suave, tive a real dimensão desse bandeirante contemporâneo, que risca as estradas do país para encontrar com seu povo.

Lula, já em sua primeira pescaria, ensinou-me, após quase 20 anos cruzando os rios do norte do país, que o pescador é, por natureza, o homem da utopia, já que traz em si o estigma da inquietação e da permanente insatisfação.

A VERDADEIRA HISTÓRIA DE SÊO MANEL XICOTE

A história oral, pela forma que é contada, por quem a conta, e como ela chega até nós, acaba virando parte da história oficial. Vejam vocês o que nos foi transmitido:

No processo de construção do Mercado Municipal que estamos construindo em Brasília, na 509 Sul, procuramos fazer cada coisa a seu tempo. A escolha do local, o projeto, a construção, os fornecedores etc. Tudo pronto, faltava a logomarca. Entramos em contato com o nosso compadre Ziraldo e pedimos que, com o seu traço de gênio, fizesse o coroamento dessa fase do projeto. Como sempre, o amigo, não fugiu da raia.

O nosso cartunista é um pesquisador incansável e muito criterioso. Neste "fazimento", como disse o querido Darcy Ribeiro, ele chegou a um personagem muito conhecido de todos nós, digo, da geração nascida até os anos sessenta — o Scott, aquela figura da estampa da emulsão de óleo de fígado de bacalhau.

Como é do seu costume, Ziraldo gosta de trabalhar com os "frutos" de suas pesquisas espalhadas pelas mesas próximas ao seu computador. Numa pausa para relaxamento, a gravura do Scott com um enorme bacalhau sobre suas costas ficou em cima da mesa. Ao voltar viu Dona Catarina, sua fiel faxineira de mais de quarenta anos, olhando com muito interesse, aquela figura estranha sobre a mesa.

— Gostou, Dona Catarina? — indagou Ziraldo.

— Olha Sêo Ziraldo, eu conheci um senhor lá no morro da Gamboa que era muito parecido com este que está aí, e apontou o indicador para a gravura.

O nome dele — continuou ela — se não me falha a memória, era Sêo Manel Xicote. Surpreso, o cartunista perguntou se ele ainda continuava morando por lá. Com o olhar surpreso pelo interesse do seu patrão, a faxineira respondeu que havia mais de 30 anos o dito cujo tinha se mudado para a ilha de Paquetá. Sem que o patrão fizesse mais perguntas, Dona Catarina foi direto aos detalhes.

— Sabe como é Português, né? Conheceu uma mulatinha bem mais nova que ele e logo estavam juntos. Pouco depois o casal mudou-se para Paquetá. Dizem, não tenho certeza, que eles montaram um armazém de secos e molhados por lá.

Poucos dias depois, um sábado, céu de brigadeiro, mar calmo, Reinaldo, amigo antigo de Caratinga, convidou Ziraldo e Márcia, sua companheira, para um passeio de lancha até a ilha de Paquetá. O tempo e a insistência do amigo dificultaram qualquer possibilidade de uma negativa. Ziraldo estava devendo uma boa prosa com o amigo caratinguense. Afinal, ele viu aquele rapaz chegar ao Rio de Janeiro e sair de um simples emprego de balconista das Casas Pernambucanas para construir um belo patrimônio através do mercado imobiliário.

A viagem até a ilha foi tranqüila. Reinaldo não perdera o jeito mineiro de ser — bom de prosa e atento aos desejos dos convidados. Em pouco tempo estavam os dois casais ancorando no píer deteriorado da ilha de Paquetá. Márcia e Janete, esposa de Reinaldo, em passos ligeiros já estavam em frente às charretes, cartão-postal da ilha.

Sem muita pressa, desatento, Ziraldo foi caminhando lentamente sobre o píer e olhando os casarões dos Século dezenove que ainda persistiam em sobreviver à especulação imobiliária. Para sua surpresa em um deles viu inscrito na parede Armazém do Scott Secos e Molhados.

Algo brilhou em seus olhos. Lembrou-se da conversa do dia anterior com Dona Catarina. Raciocinou: "Xicote, hum... tem tudo a ver com Scott". Botou as duas mãos no bolso da bermuda e esfregou-as nas pernas como fazia na sua infância, em momentos de excitação. Pensou: essa tarde promete. E ela foi, de fato, reveladora.

Ziraldo dispensou o passeio panorâmico pela ilha e sugeriu, de forma impositiva, que Reinaldo acompanhasse as damas. Logo estava só para a sua aventura investigativa. Ao adentrar o recinto um frenesi caratinguense invadiu a alma do visitante. Um balcão de imbuia talhada era a prova testemunhal que o tempo ali corria no ritmo próprio da ilha. Um cheiro de mar se misturava ao dos canaviais. No tampo ao lado da porta esquerda alguns maços de rapadura e rolos de fumo eram a prova concreta que o clima estava para descobertas. Num olhar de águia, em poucos segundos o ambiente chegou completo às suas retinas. Uma senhora mulata, aparentando uns 60 anos, sentada ao fundo do balcão, avisou ao visitante.

— Estamos fechando o estabelecimento para o almoço.

— Pro almoço? — indaga Ziraldo com o seu largo sorriso.

— Moço, faz dez anos que eu fecho neste horário. Todo mundo na ilha já conhece minha história. Cada um tem sua cruz — finaliza a senhora. Sem esperar que o visitante abrisse novamente a boca, completou.

— Meu senhor, já faz anos que eu sigo essa rotina — e apontou o dedo para trás. Obviamente, Ziraldo nada entendera. Continuou a senhora:

— Atrás da parede está minha cruz. Meu marido está entrevado na cama, meu senhor. Por isso tenho que fechar neste horário para que eu possa servir o almoço dele e atender outras necessidades que surgem.

Enquanto ela seguia contando seu drama, o visitante observou uma foto na parede ao lado da senhora que confirmava as afirmações de Dona Catarina.

— Quem é este senhor da foto? — indagou um Ziraldo pra lá de curioso.

— Esse é o pai do meu marido.

— Com esse peixe nas costas, ele está parecendo aquela figura da Emulsão de Scott.

— Sim, é o próprio — afirmou a senhora. — Mas essa história é longa, meu senhor. Bem, então o senhor me dá licença — e levantou-se bruscamente. — Vou alimentar meu marido, que apesar de entrevado, tem fome, está lúcido, escutando bem e daqui a pouco começa a murmurar.

Sem saber como agir, Ziraldo perguntou à senhora se ela permitiria que ele o conhecesse.

— Entre meu senhor, mas não repare a bagunça.

O visitante deparou com um senhor de uns 90 anos, fragilizado pela idade e circunstâncias. A esposa foi ágil, e logo o velho senhor estava sentado na cama, apoiando as costas na parede desgastada pelo tempo. Ziraldo, já sentado numa velha cadeira de palha, pediu desculpa pela forma que chegou até o quarto daquele ancião. O senhor pouca razão deu ao visitante e disse que havia muito não conversava com ninguém, além de sua dedicada esposa. O que era ainda pior, ouvia toda a conversa do Armazém. Apenas ouvia.

Ziraldo explicou os motivos que o levaram até o quarto para aquela conversa: a foto e o nome Scott. Uma ponta de orgulho apareceu no rosto de Manoel Scott Archer; este era o seu verdadeiro nome.

— Olha meu filho — começou o velho senhor a relatar a sua história. — Meu avô nasceu e viveu em Londres. Seu nome é muito conhecido no meio científico: Frederik Scott Archer. Suas pesquisas e experiências através da emulsão proporcionaram avanços para a ciência e para as artes, em particular, no campo da fotografia. Ele veio a falecer em 1887 deixando cinco filhos, sendo três homens e duas mulheres. Dois anos antes de sua morte os três irmãos resolveram montar uma empresa farmacêutica. Meu tio, recém-formado em bioquímica, e na convivência científica com o meu avô, ganhou gosto e revelou-se talentoso nas pesquisas. Em seus estudos universitários e sob a surpevisão do meu avô, descobriu que o óleo de fígado de bacalhau tinha grande potencial farmacológico.

— Resumindo — disse Sêo Manoel — o irmão pesquisador ficou em Londres cuidando do laboratório, meu pai, aquele da foto do bacalhau, e o seu outro irmão, foram para o mar – norte da Noruega, à busca do bacalhau. O negócio prosperou e eles resolveram comercializar o bacalhau. Para realizar isso, criaram a Scott Exportações. Isso foi em 1910. Meu pai, então com 35 anos, deixou o mar e foi morar em Lisboa. A empresa ficou dividida em três partes: o Laboratório em Londres, comandado pelo meu tio Thomas, os dois barcos na Noruega com o meu tio Jill e as vendas em Portugal, dirigidas pelo meu pai, John.

— Então o homem do bacalhau nas costas chama-se John Scott? — interveio Ziraldo.

— Sim — responde pacientemente o ancião — e o senhor sabe que ele morou no Brasil?

— Ah, não! Só era essa que faltava para completar o meu dia em Paquetá.

O velho dá uma boa risada, com a boca sem dentes escancarada, e continuou sua história.

— Um amigo do meu tio Thomas, o cientista, fez aquele desenho que o mundo inteiro conhece. Meu pai, logo que chegou a Lisboa — continuou o velho — arrumou uma mulher portuguesa; em duas semanas já estavam casados.

— Acho que foi o efeito de muitos anos de mar — completou o visitante. Cortado por breve tosse, Sêo Manoel continuou o relato:

— Eu nasci em Portugal em 1916 e cheguei aqui no Brasil com oito anos.

— Por que o senhor veio para cá?

— Aqui foi o fim da longa história de nossa união. Depois que meu pai passou a dominar a língua portuguesa, resolveu ampliar os negócios de bacalhau na América Latina. Meus tios eram radicalmente contra. Resolveram separar a sociedade. Meu pai ficou com a empresa com sede em Portugal e filial no Brasil. Pouco depois, aqui no Brasil, encantou-se com o futebol que já fascinava os brasileiros. Ele era um inglês diferente, mais aberto e muito comunicativo. Nessa ocasião, ficou muito amigo do Dr. José Augusto Prestes, então presidente do Vasco da Gama. Na sua gestão, Dr. Augusto não permitiu que o clube se sujeitasse às coações de excluir dos seus quadros os atletas negros e humildes. Por essa atitude, única na época, seu time foi discriminado pelos adversários e não conseguia treinar porque não tinha um estádio. Por causa da amizade com o presidente do clube, meu pai deixou de frequentar os badalados clubes ingleses do Rio de Janeiro e desenvolveu uma paixão louca pelo Vasco da Gama. Resolveu ser o principal financiador da construção do maior estádio de futebol do Brasil à época, o São Januário. Fez história, mas terminou pobre, deixando saudades e muitas dívidas. Veio a falecer em 1927, dois meses antes da inauguração do estádio.

Ainda com uma ponta de ironia e vingança, Sêo Manoel completou dizendo ser o único português do Rio de Janeiro que torcia pelo Flamengo.

A esposa de Sêo Manoel deu uma bronca no marido porque a comida esfriara e ele ali, havia mais de uma hora, de prosa com aquele senhor curioso. Ziraldo, por sua vez, olhava tudo e não acreditava no que acabava de ouvir. Mas, como é de uma curiosidade insaciável resolveu investir numa última pergunta para o velho.

— Sêo Manoel, o sobrenome Archer tem alguma coisa a ver com o do ex-Ministro Renato Archer?

— Lógico, tem tudo a ver. O meu avô, aquele lá do começo da hisstória, tinha um irmão mais novo, que veio para o Maranhão em mil oitocentos e...

— Agora chega! — interrompeu a esposa. O visitante percebeu que já havia escutado muito, levantou-se e foi saindo com o olhar fixo naquele ancião.

Afinal, pensou, se tudo naquela casa sofreu o desgaste inexorável do tempo, algo sobrevivera. E foi, sem dúvida, o brilho do olhar de quem conta sua própria história, ainda que ela o arremessasse aos rochedos do mar.

De posse de tais fatos, o nosso querido cartunista resolveu prestar uma homenagem ao velho conhecido de Dona Catarina e desenhou o personagem Sêo Manel Xicote, esse aí, com um rosto e os trejeitos lusitanos. Já o pai, fonte primeira de inspiração, como ficamos sabendo pela história oral, é inglês. Viveu muitos anos na Noruega, e no fim da vida, virou vascaíno!

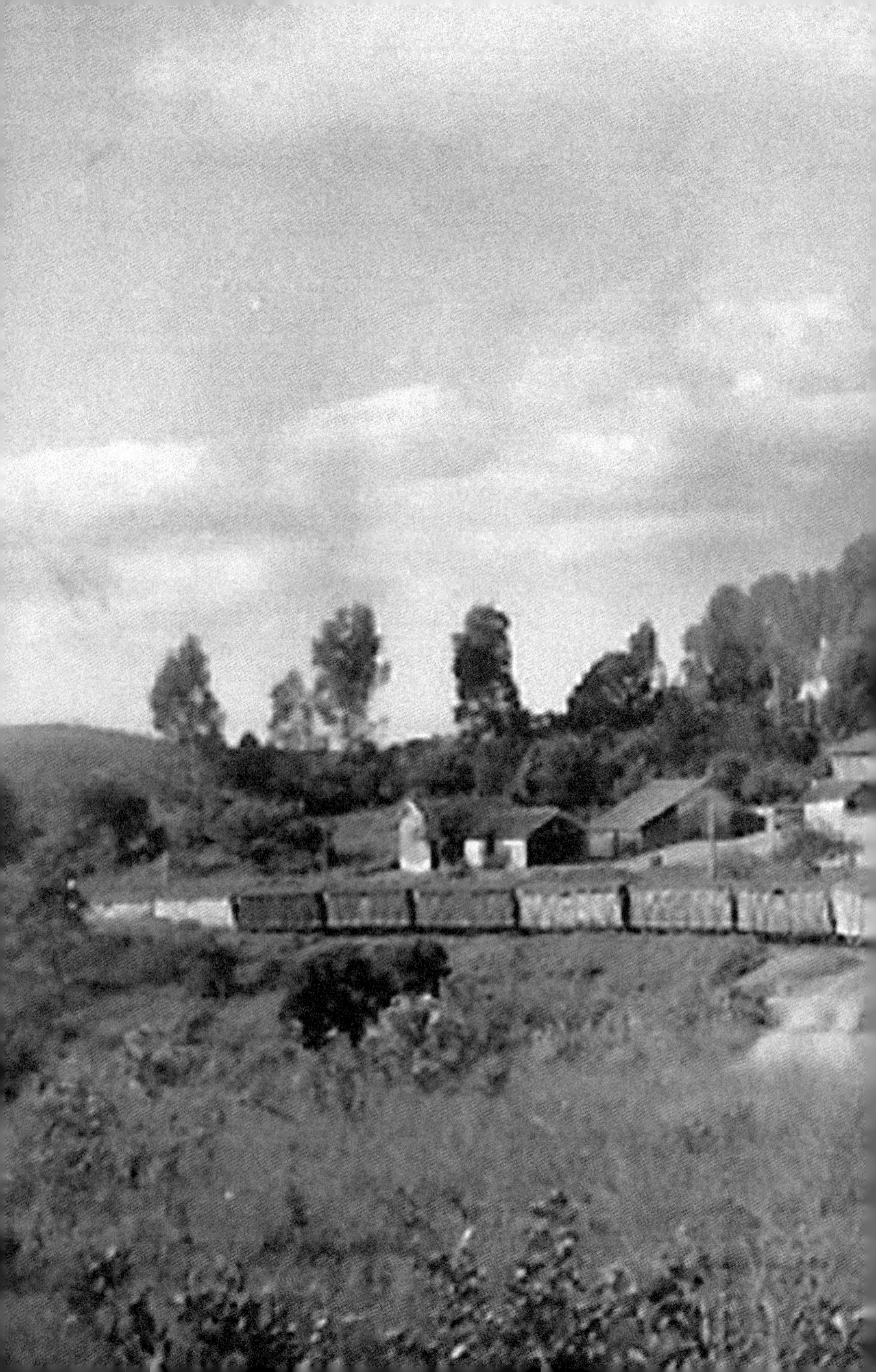

FOTO: TIO JUQUINHA

Fazenda Vista Alegre
Traituba-Cruzília – MG
1953

Não sou poeta,
Não faço versos:
Um pouco é
Alumbramento,
Outro tanto,
Deslumbramento.
O resto
É medo.
Solidão.

Habilidade

Já conheci
Gente de São Paulo,
Do Piauí,
Até de Paris
Eu já vi.

Nunca conheci
Pessoa
De habilidade
Tamanha assim:

Consigo passar
Por outro
Dentro de mim.

Ausência

Meu tio foi enterrado às
      cinco horas da tarde.
Estava com seu terno azul
      de listras claras;
Sua velha gravata ainda
guardava um leve cheiro
de naftalina.
Tudo foi do jeito que
tinha de ser.

Já os velhos óculos
      de esverdeado
Ficaram,
Eram, depois de tanto tempo,
O seu eu.

O corpo se vai, enterra-se,
Chora-se, faz-se oração,
Mas a alma fica
Na sala da gente.

Minha tia chorava todos
        os dias.
Sua face alheia,
De pura melancolia,
Via na cor do tempo
Meu tio Juquinha.

Até o dia em que o vento
Entrou pelo corredor
Da velha casa da praça,
Tocou seus cabelos grisalhos

E levou minha tia,
Sua solidão,
Sua orfandade
E, não sei por quê,
Os óculos do tio Juquinha.

Levo comigo:

Para Guilherme Lacerda

Sempre vem e salta,
Às vezes é solidão,
Outras,
Prazer que assola.

Assim vou ficando comigo
Horas no tempo
Outro jeito não há.

Tento às vezes partir,
Outras ficar
Quem vencerá?

Decidi,
Fica assim:
Eu me basto
Ainda que me foda.

VOLVER

Paulinha partiu,
Foi em direção ao sul,
Vento a favor
Nas correntezas do Paraibuna.

Tudo tem seu fim:
Volver,
Traga o Mário,
Um tango para mim.

Carlos Henrique,
Cá de Natal
Ainda te dou
Um Cascudo.

AMIGO

Fui da barra pesada
Da noite.
Agora, mudei.
Meto o pé na porta
Quero a barra clara

do dia.

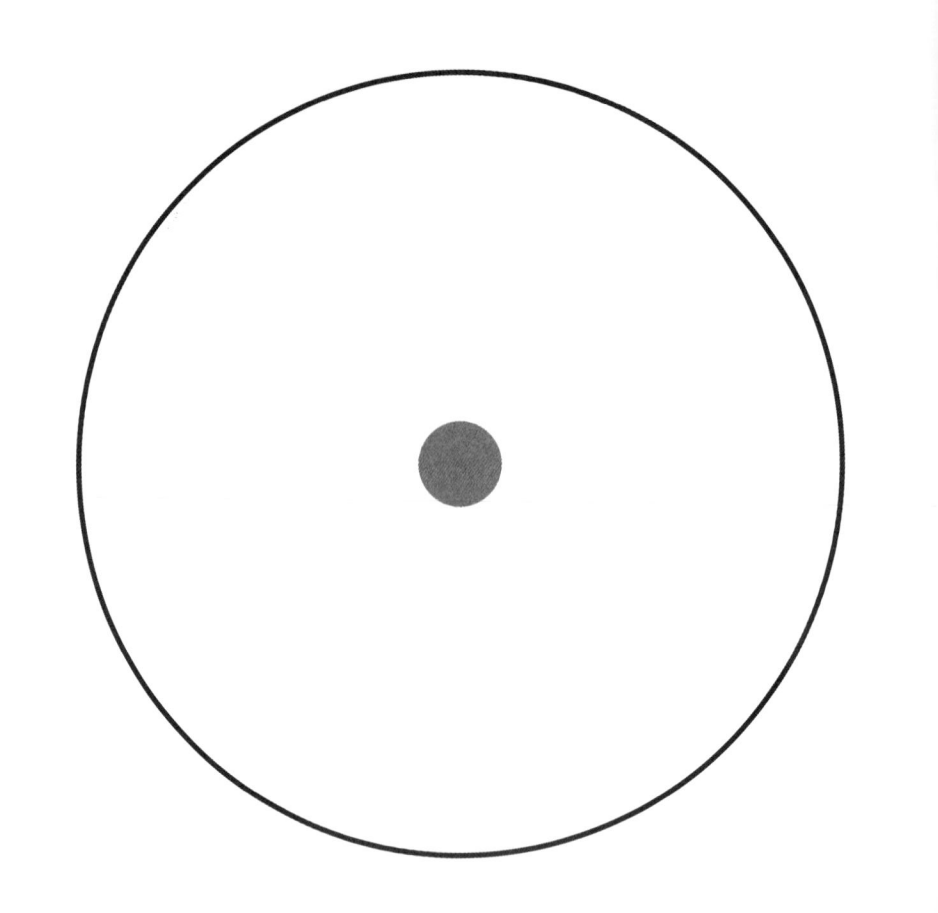

Tudo é verdadeiro

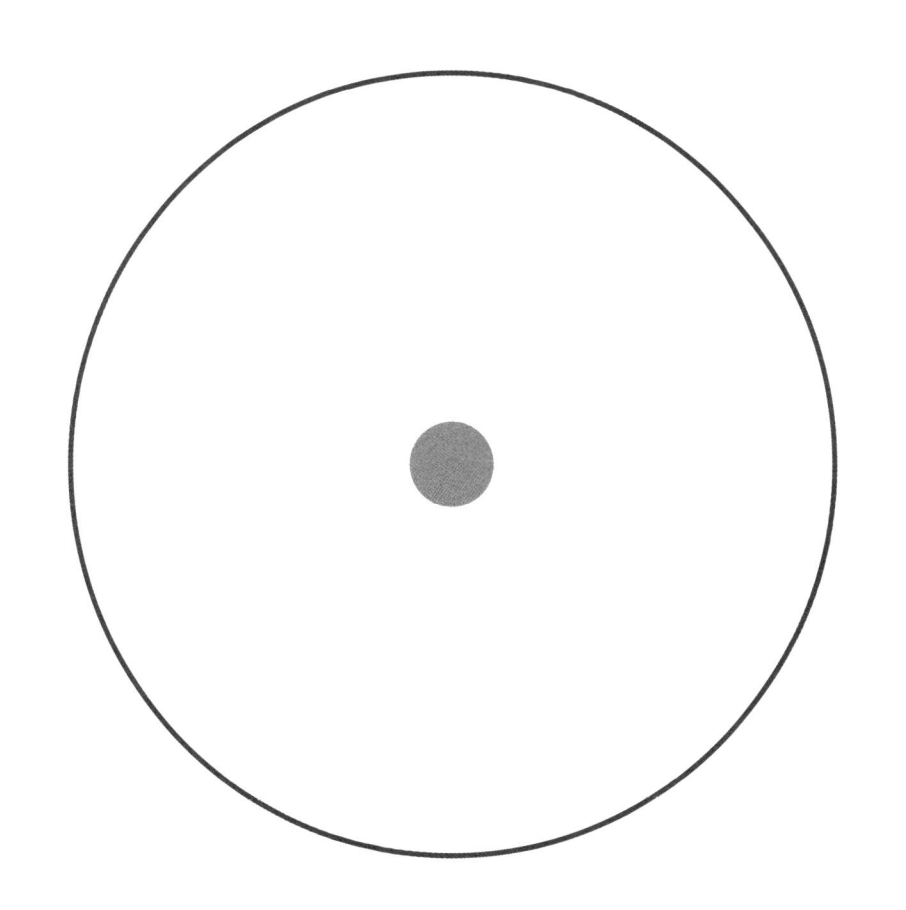

Até os meus olhos
　Nos teus seios.

VENTO

*Já acendeu isqueiro
Ao vento?
É como paixão:
Tente uma vez,
Outra.
Na terceira,
Ela venta a seu favor.*

Em todos os
Momentos do dia
Eu tenho a noite
Dentro de mim.

A sensibilidade
Pode ser assim:
Quando vem,
        Leva além.

PENSAMENTOS CÔNCAVOS

Ando às voltas
com o passado,
Enfrento meus leões,
Sigo meus passos
De sentimentos desmanchados.

São monumentos cegos,
Praças esquecidas
Pedras tombadas
Olhares perdidos.

Pensamentos côncavos,
Sem luz ou movimento.
É um amargo desejo,
Profundo desespero.

Resta a forma vazia,
A tênue melancolia
De quem tem asas
E não soube voar.

NINGUÉM

Que multidão
É essa?

Fico pensando:
É muita gente,
É um vai-e-vem.

Ninguém é sempre
De alguém.

Muita gente,
Tudo e todos.
Eta bicho
Será gente também?

Caminhante

Para Zé Dirceu

Tudo é passo

Caminho

Sonho

Atropelo

Também na utopia

A vida vai

Luta

E tem o seu recomeço

ONDAS

Ontem fui pro mar,
Tinha pedras
Protegi o corpo.
A cabeça
Ficou nas ondas.

MENINO

Para Wilson Pereira

O menino triste
Que me olha
Invadiu minhas recordações
Deu fazimento ao silêncio.

Aquela noite
Corri o melhor dos caminhos
"um cheiro de amora no tempo"
Roguei-me quem eu sou.

Meu ser rememorou
Sem tardança
Pequenas e fortes raízes:
Uma infância já fábula.

Debaixo das asas do dragão
Há um menino
Com talos de luz
E coração de bola de gude.

Não tenha medo,
Não faça nada,
Nunca aponte o dedo
A vítima pode ser
Seu próprio segredo

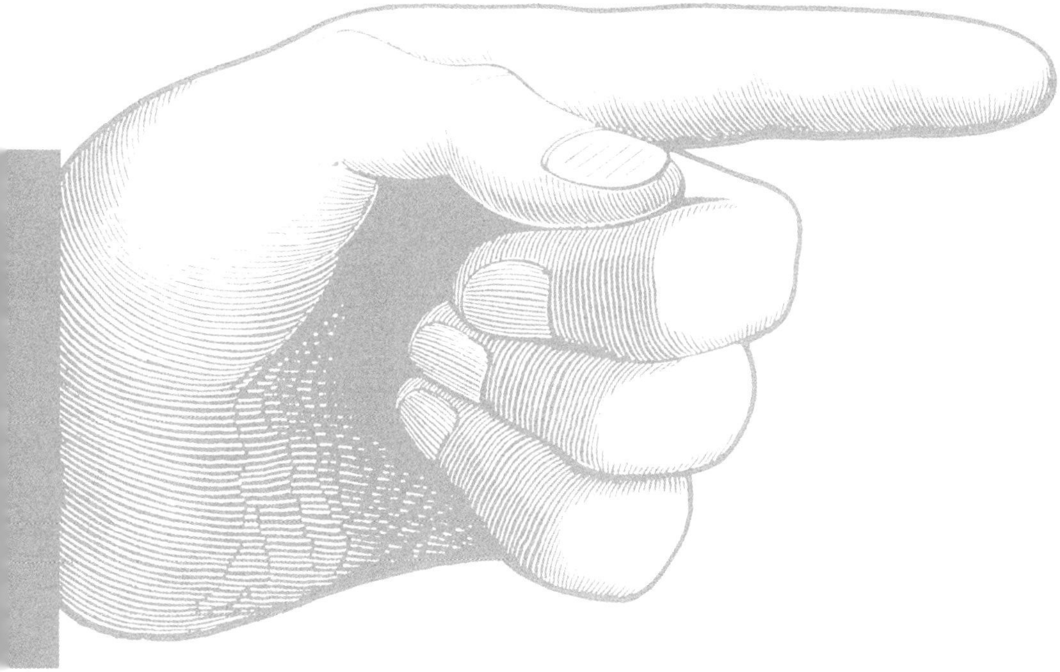

ÁLBUM DE

Lago Norte
Fruteiras a plantar
Tempo da sorte?
Talvez.

Mais ao sul,
Meus sonhos habitam ainda
Criançada brincando em cima
      de minha cama.
Vou aos poucos outonando.

As cabanas e seus remendos
      nos lençóis

FAMÍLIA

Para Léo, Lucas, Luciana

Ainda povoam meu coração
       trepidante
São dias idos e vividos
Que resistem à ação do tempo.

Meus meninos agora são árvores
Que crescem sozinhas nos
       caminhos do mundo.
Agora são luz, preparação.
Cedro, madeira de lei?

"Nesta hora, sim,
Tenho medo de mim."

DE CORPO

Sou um ser montanhês
Está impregnado no tempo.
No litoral fico poetando
O mar, as ondas, os sargaços,
As almas das pessoas.

O cerrado tem
Wilson Pereira,
Nicolas Beher.
Meu poetar candango
São catedrais de chopp

Sou Passagem,
Crônicas de Mauro Santayana,
Prosa de Carlos Henrique,
Tulipas de Luiz Turiba.

E ALMA

Sou de onde vêm
as tragédias
Loucas dos sertões.
Sou de onde
precisa ser

Andei terras
Procurando o mesmo sol,
Este sol não trouxera
A mesma vida.

Só ficou algo,
Que continuará
Irremediavelmente
Servo do corpo e d'alma;
Denise.

NUM BAR DE NATAL

O espaguete não serve meio,
Só inteiro.
E o amor, como será?
No meu bar
É ao dente.

PAISAGEM NOTURNA

Havia naquela noite
Uma paisagem,
Um retrato
Do meu pai.

Havia trânsito
Em minha alma
Uma tristeza
Somente minha.

O tempo mal se deixou entrever
As vidraças estilhaçadas
A noite,
A noite de neblina triste

Havia nesse duro tempo
A teimosia de continuar
A vida interrompida
Restava a beleza
Das xícaras sobre a mesa.

Meu pai com o seu relógio de bolso
Suas chaves do paraíso
É minha paisagem noturna
De botinas, lágrimas e solidão

MENINO

DE MIM

Eu brinco
Com o tempo
Como o menino
Brinca com
O crescimento

DANTAS MOTA

Para Talinho

Vou pra dentro da noite
Toco a realidade
Ela não me traz
O desejo esquecimento.

Atirei-me em direção à lâmpada fria
Com os meus pecados
Até que eu desapareça
Na fresta de qualquer janela.

Estaremos juntos
Com teus dedos secretos,
Ombros cansados,
Ternos de vidros.

Amanhã,
De certo morreremos
Doutras batalhas
Doutras mortes

Nesse dia,
Ao ensolecer
Teu anjo de asas empoeiradas
Anunciará:

> "Então o País das Gerais
> florescerá
> Porque tempo era
> de florescendo estar"

Se eu olhar
Pra trás
Rio pra dentro

Este livro usa as fontes tipográficas Garamond e
Avant Garde sobre papel Off Set 120 g/m².